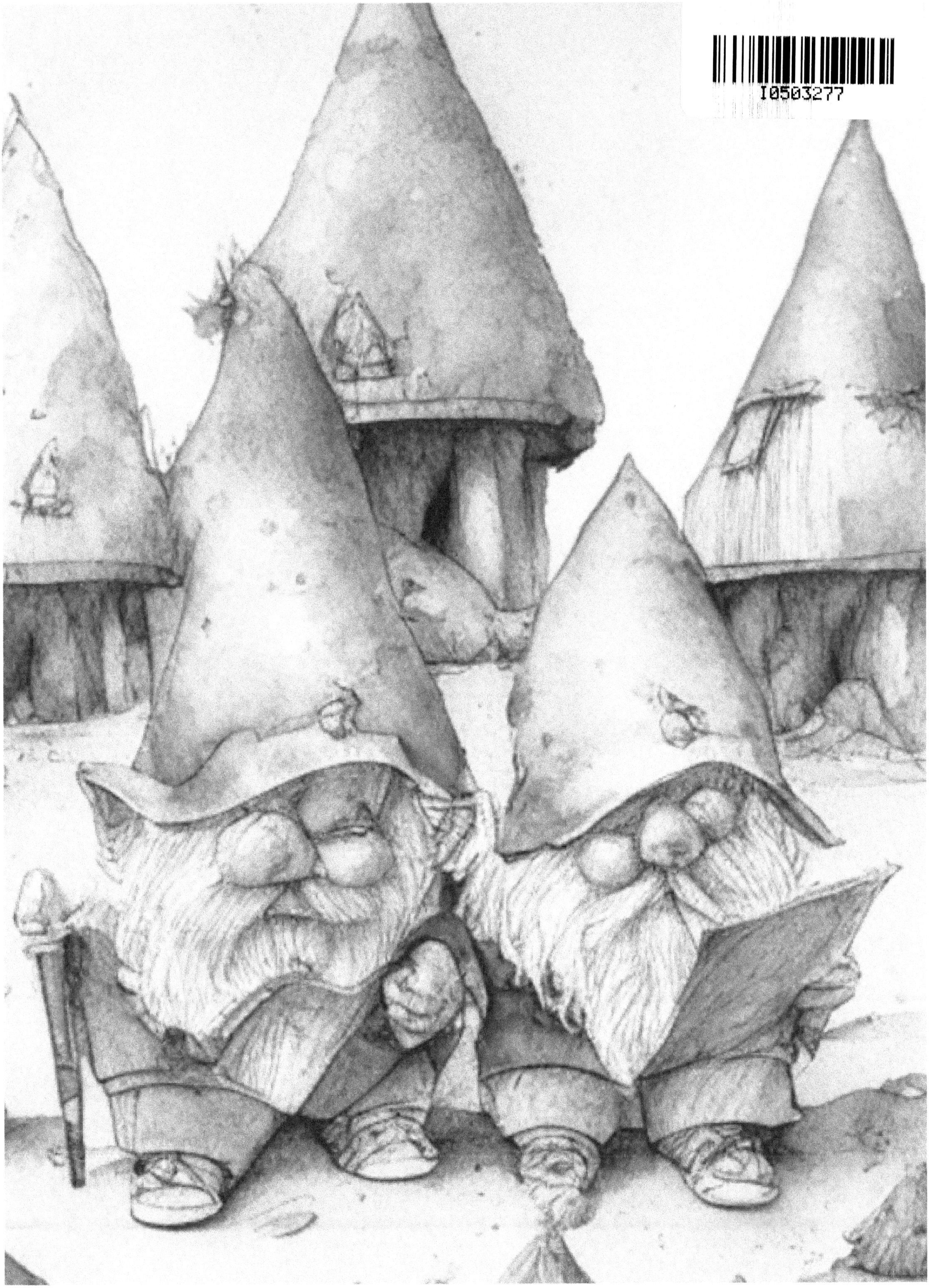

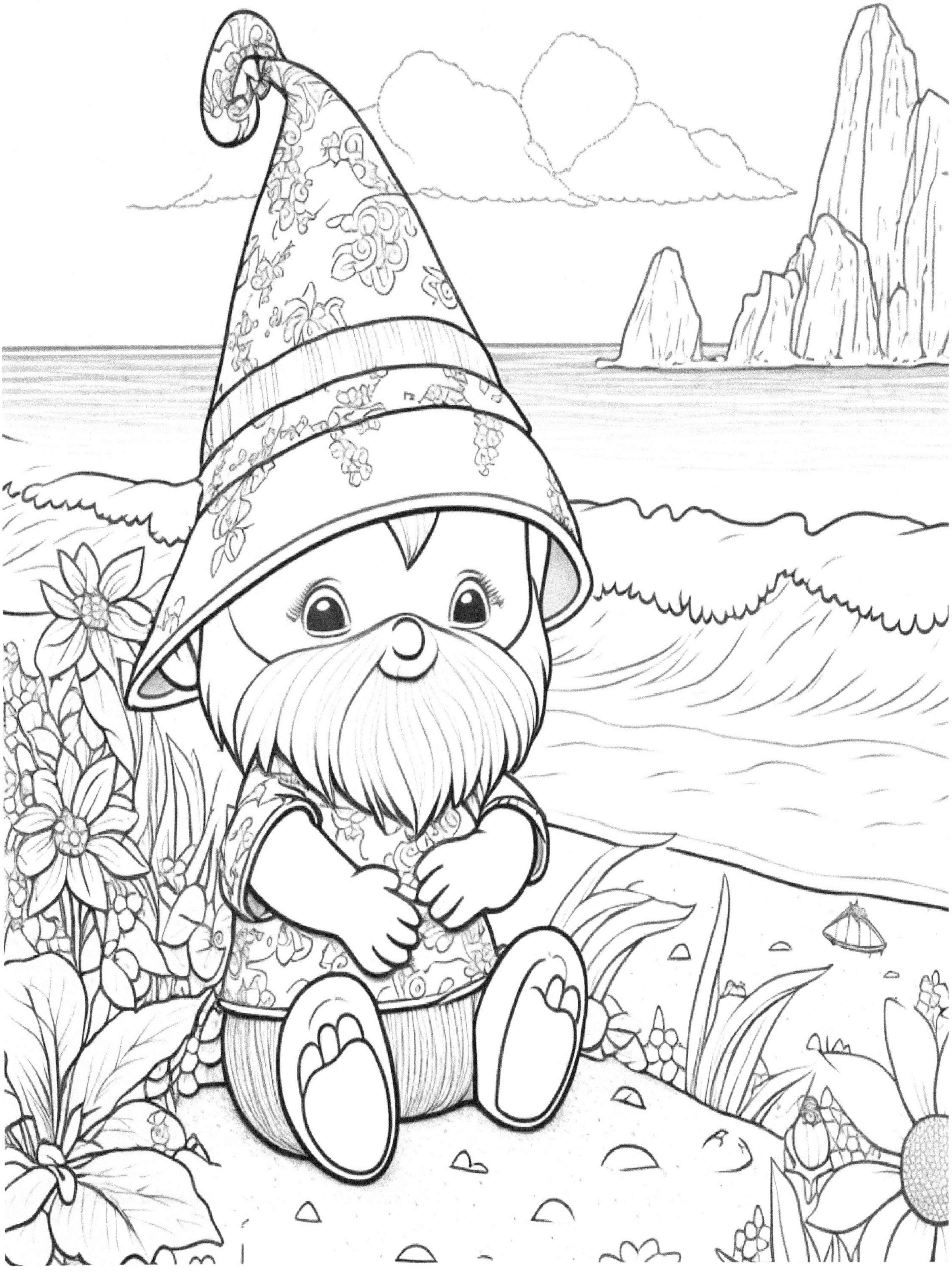

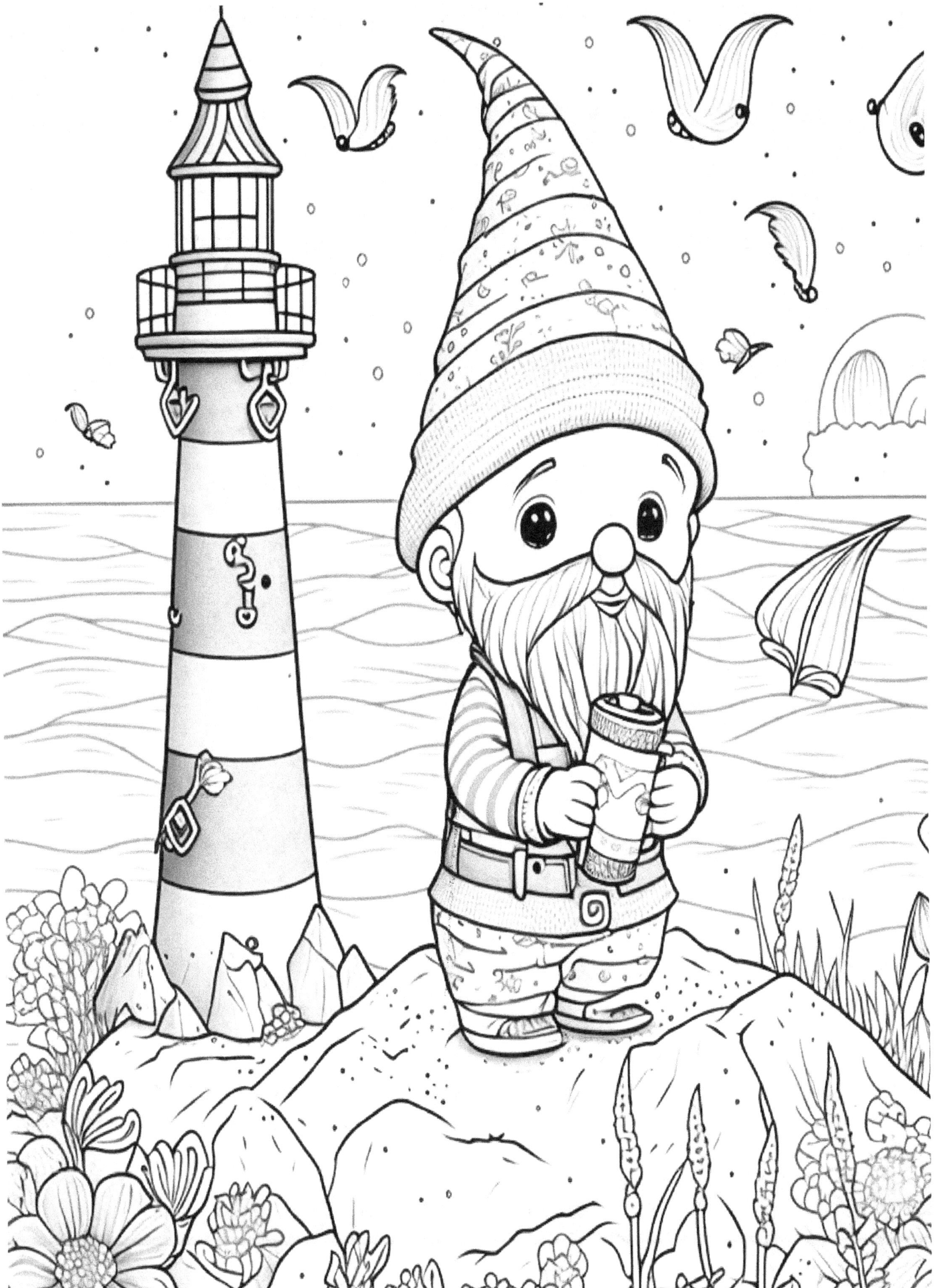

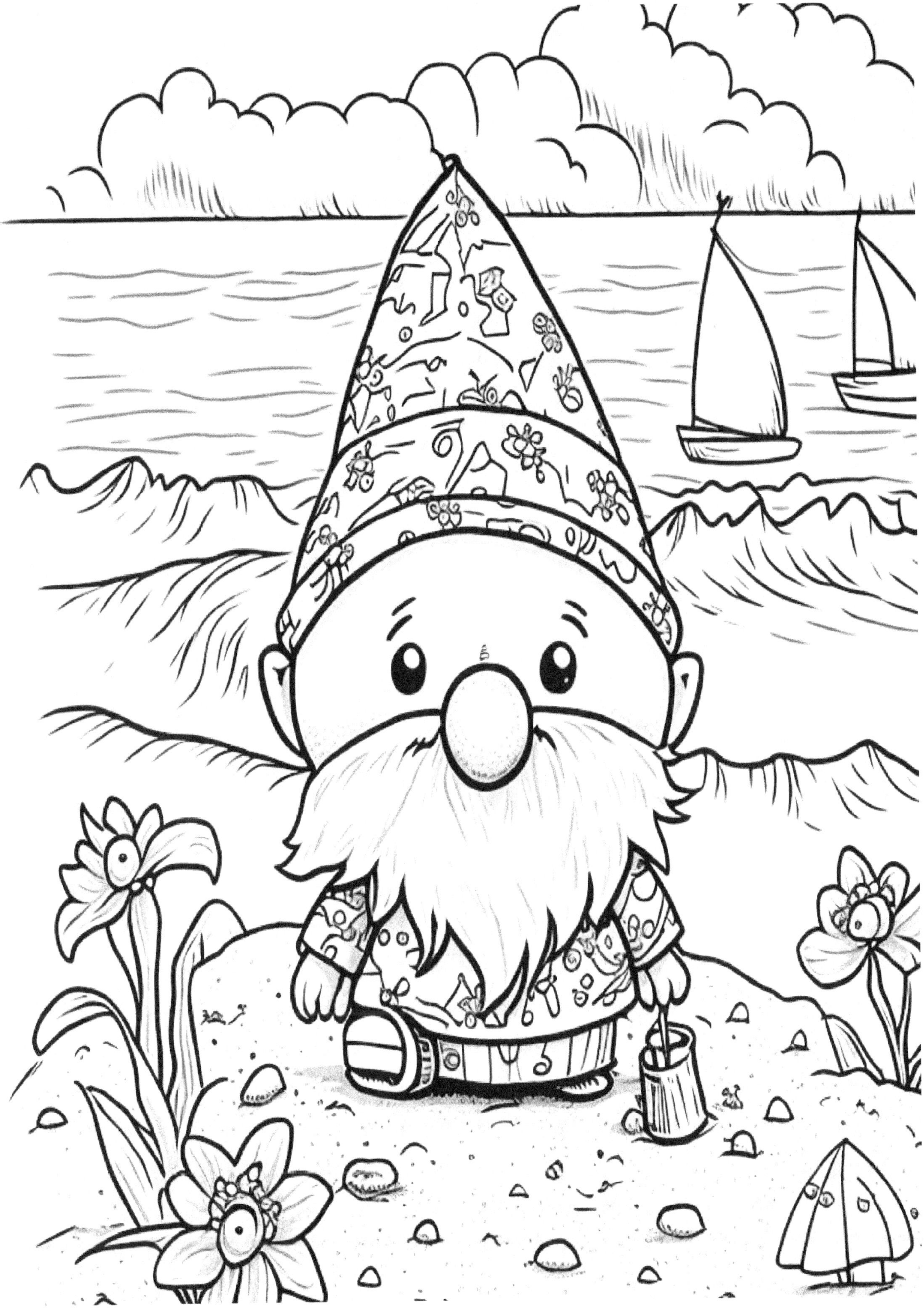

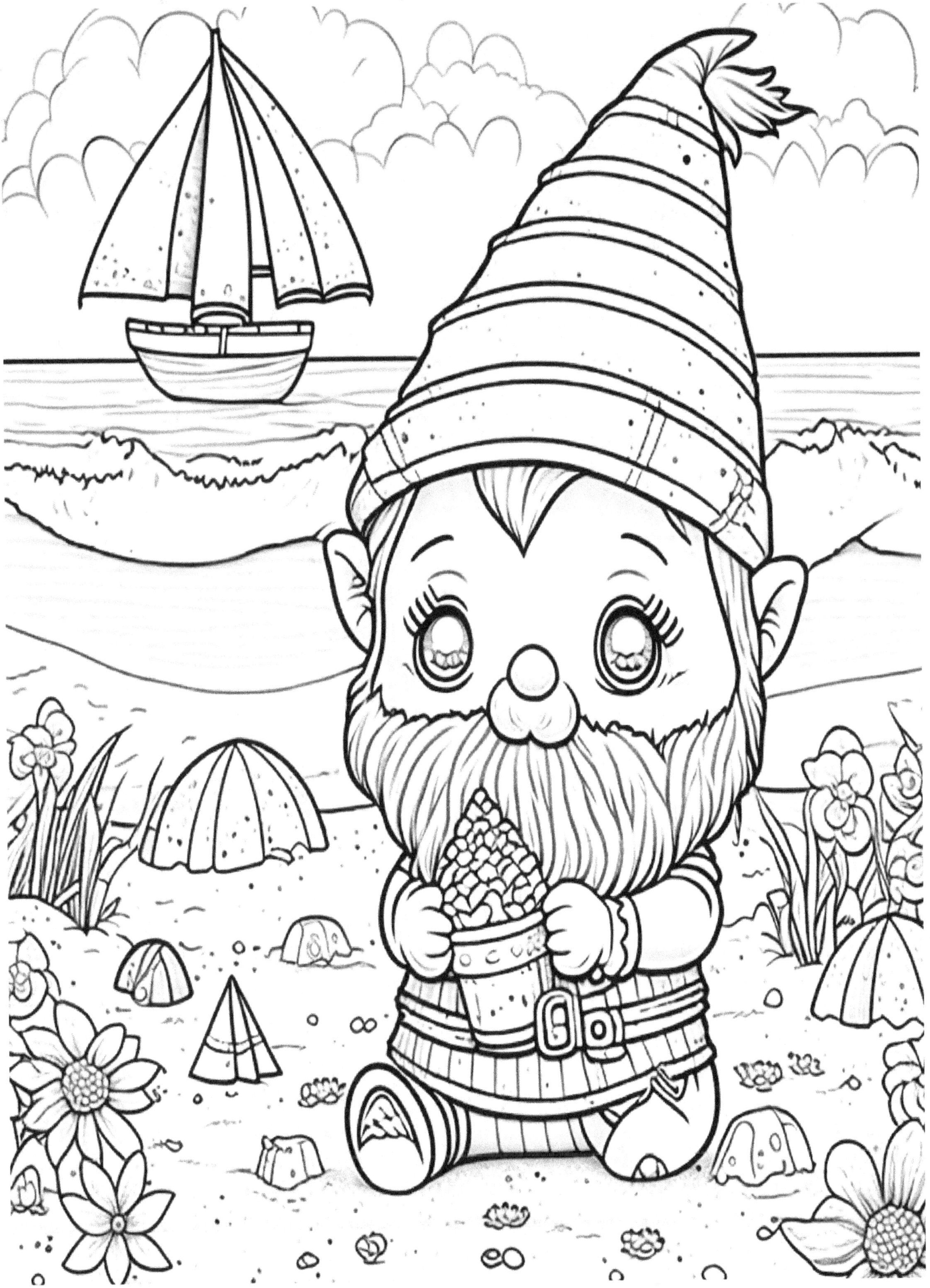

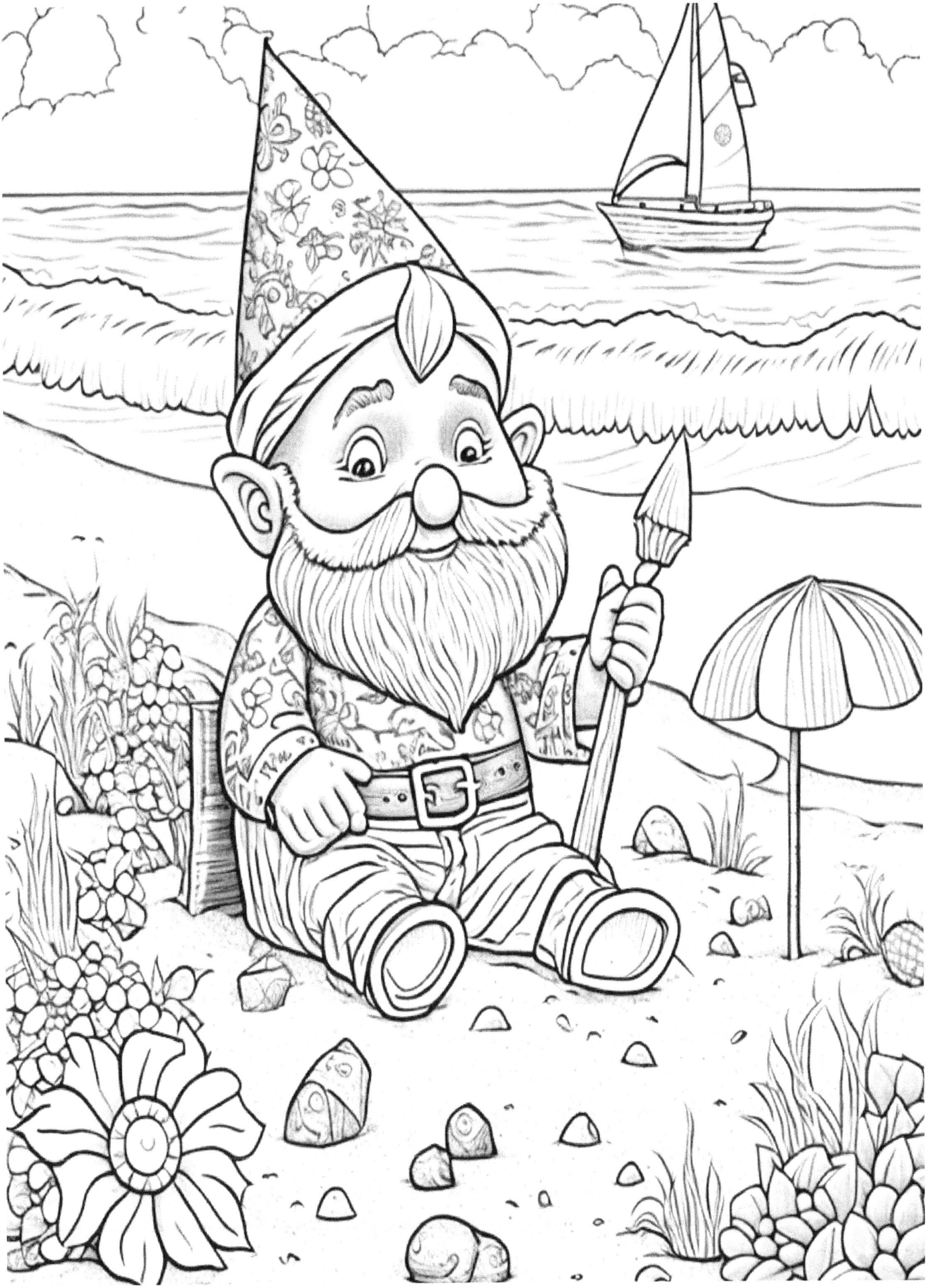

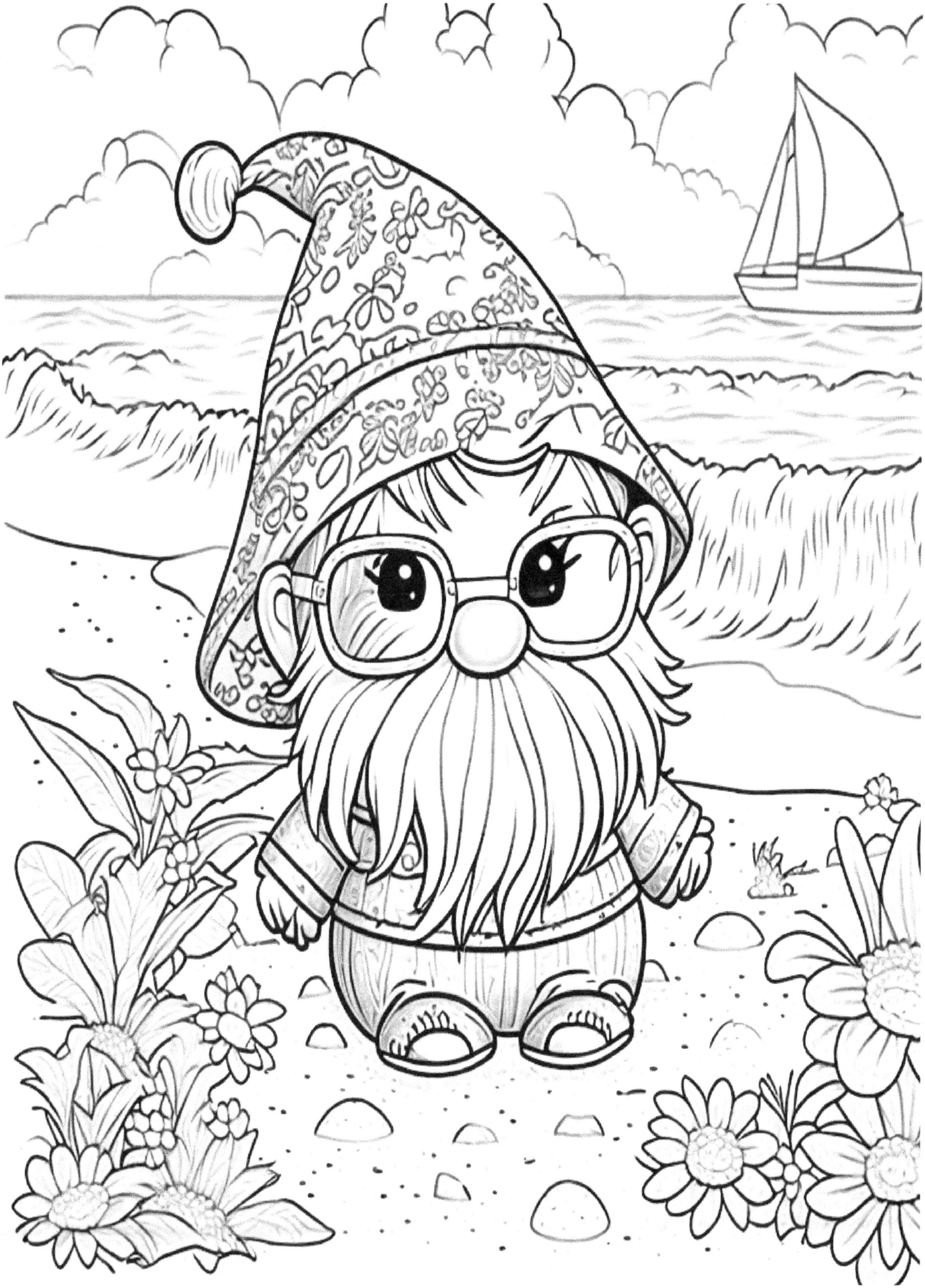

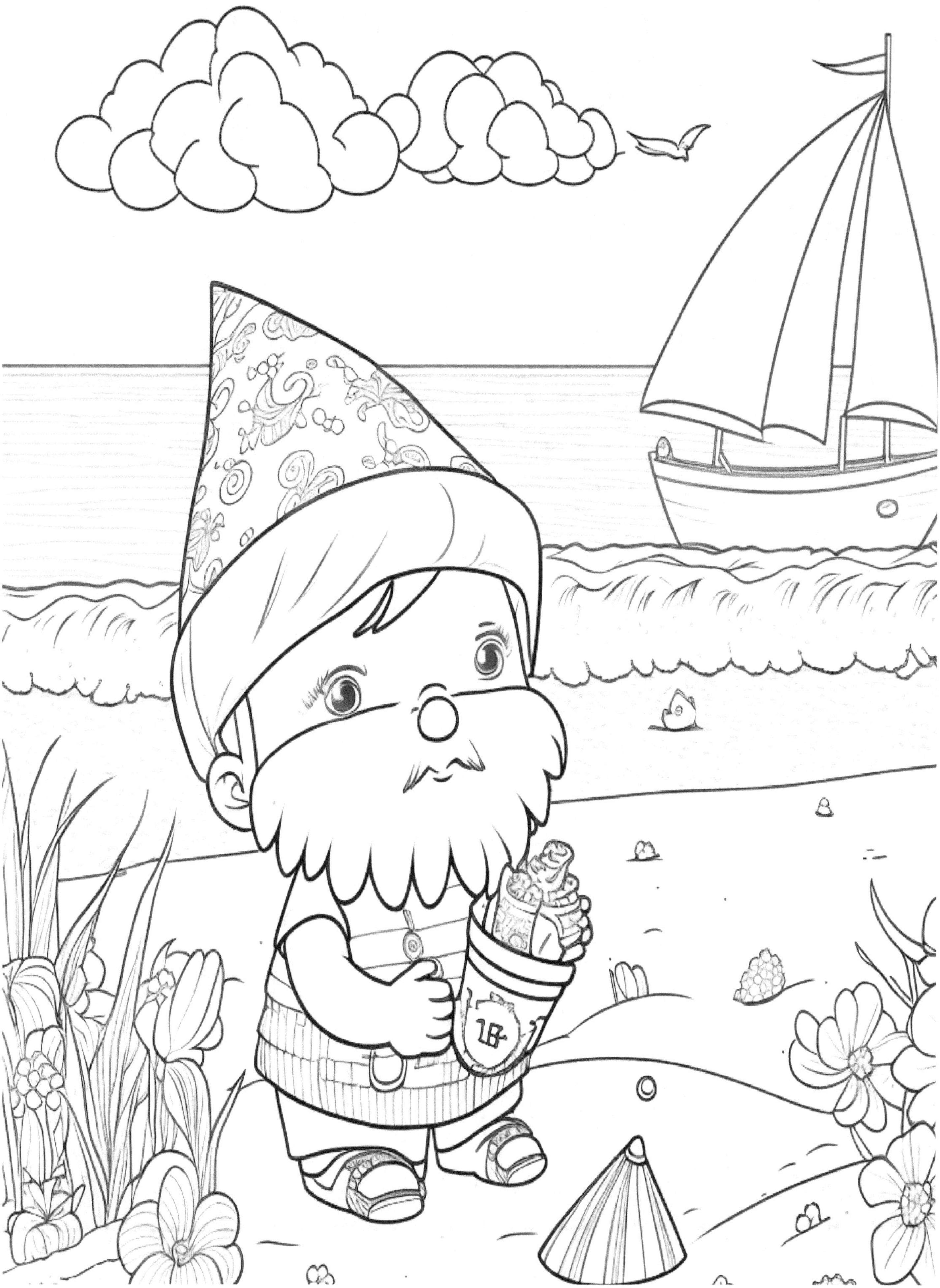

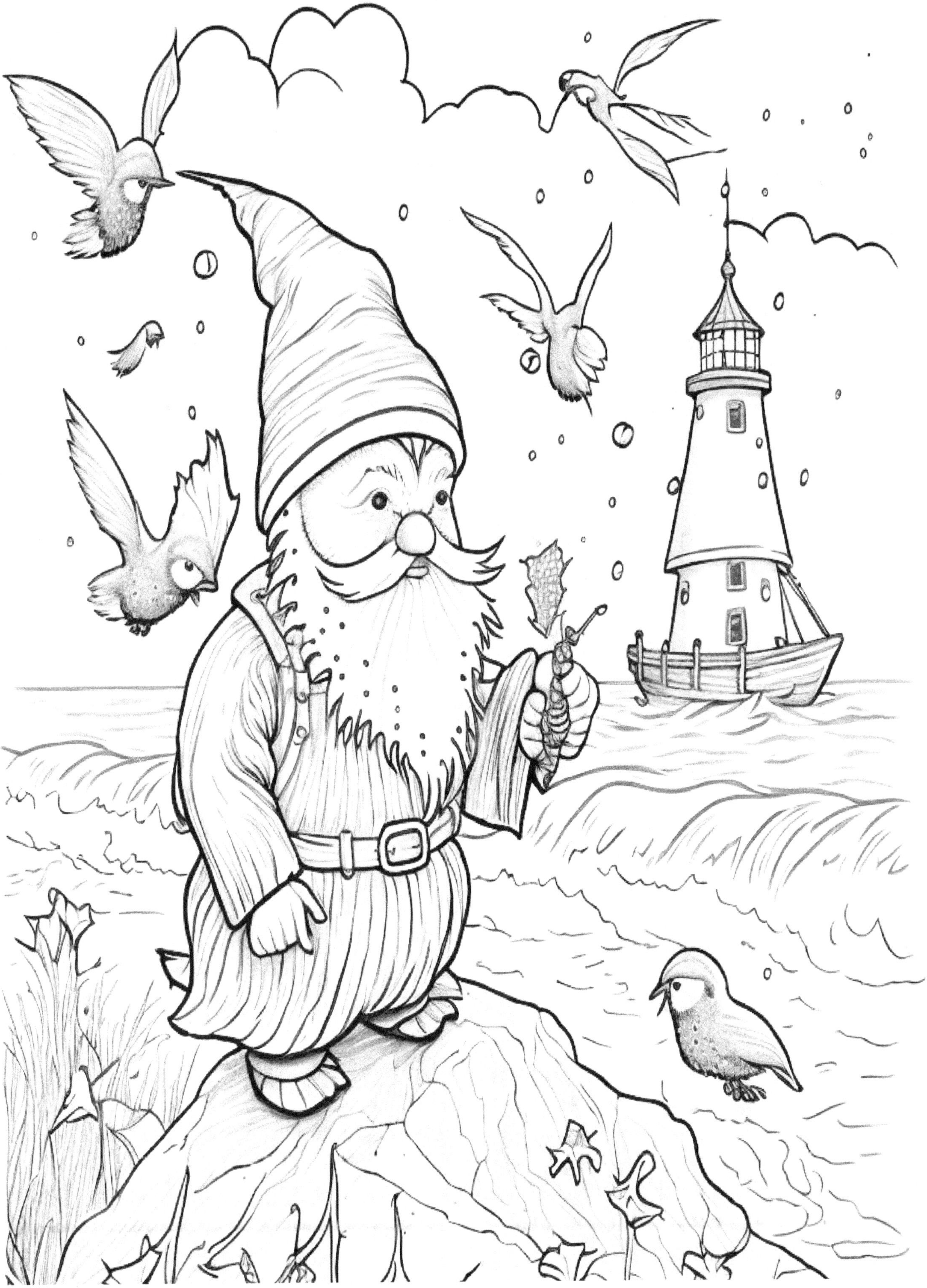

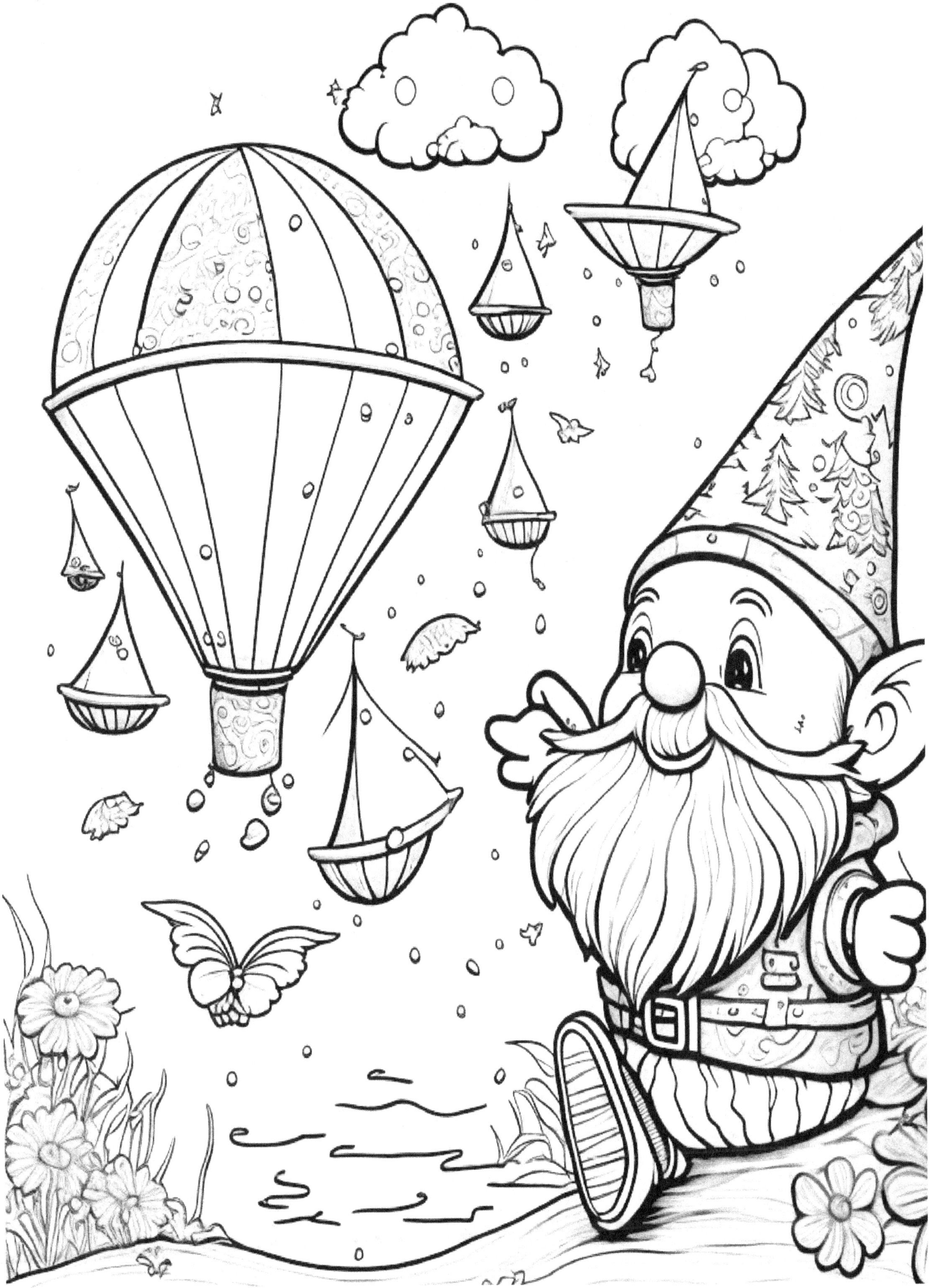

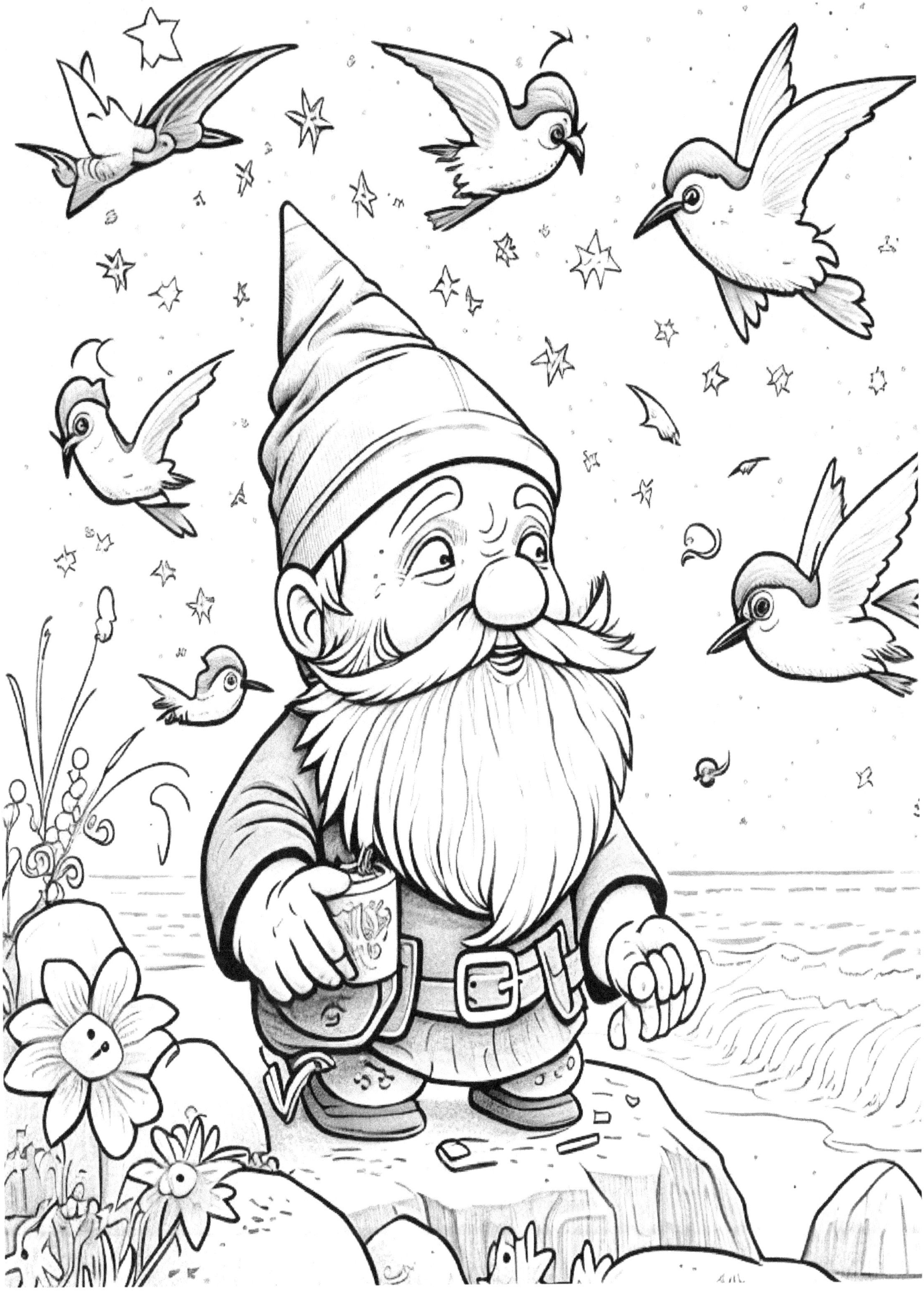

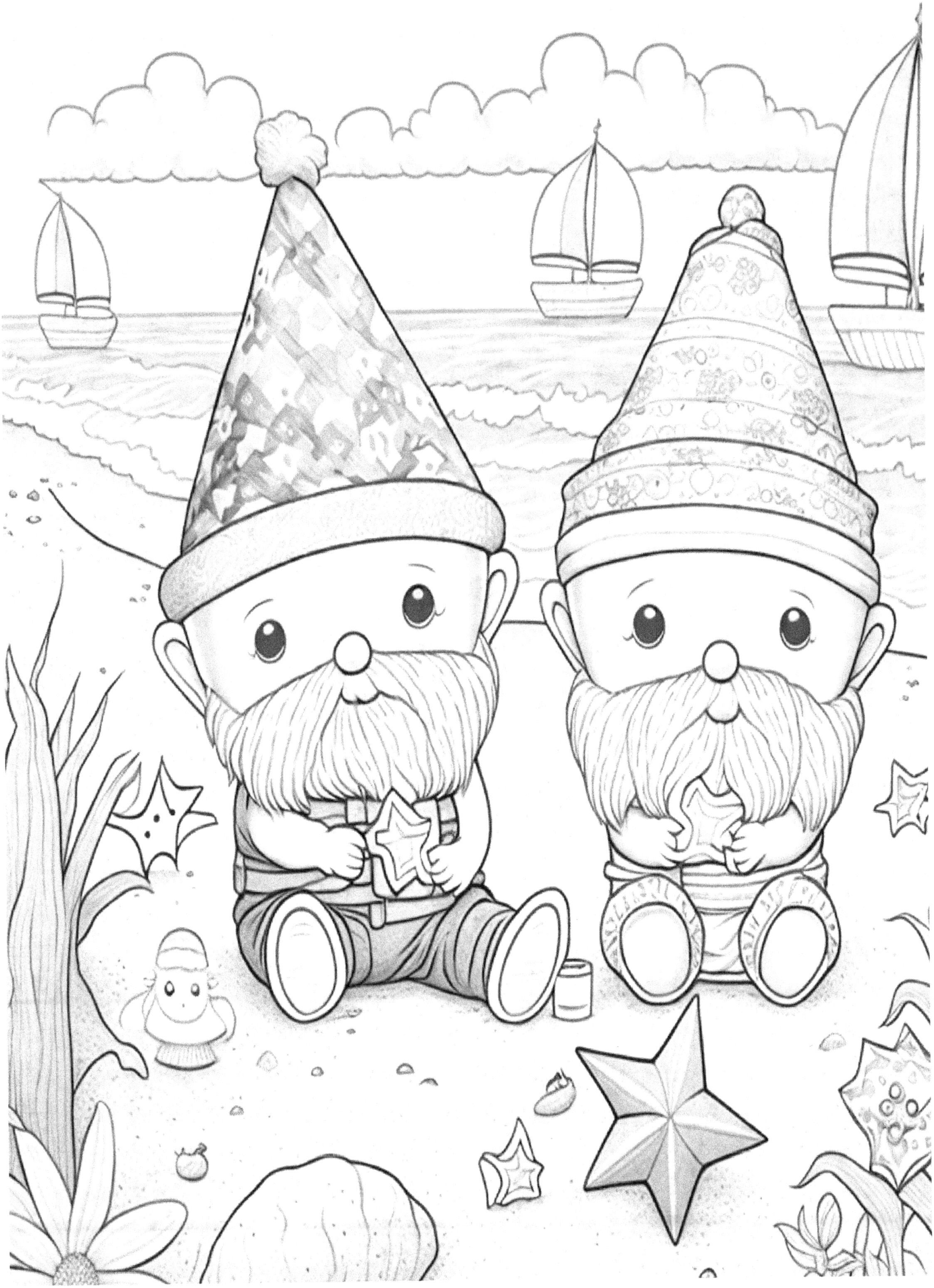

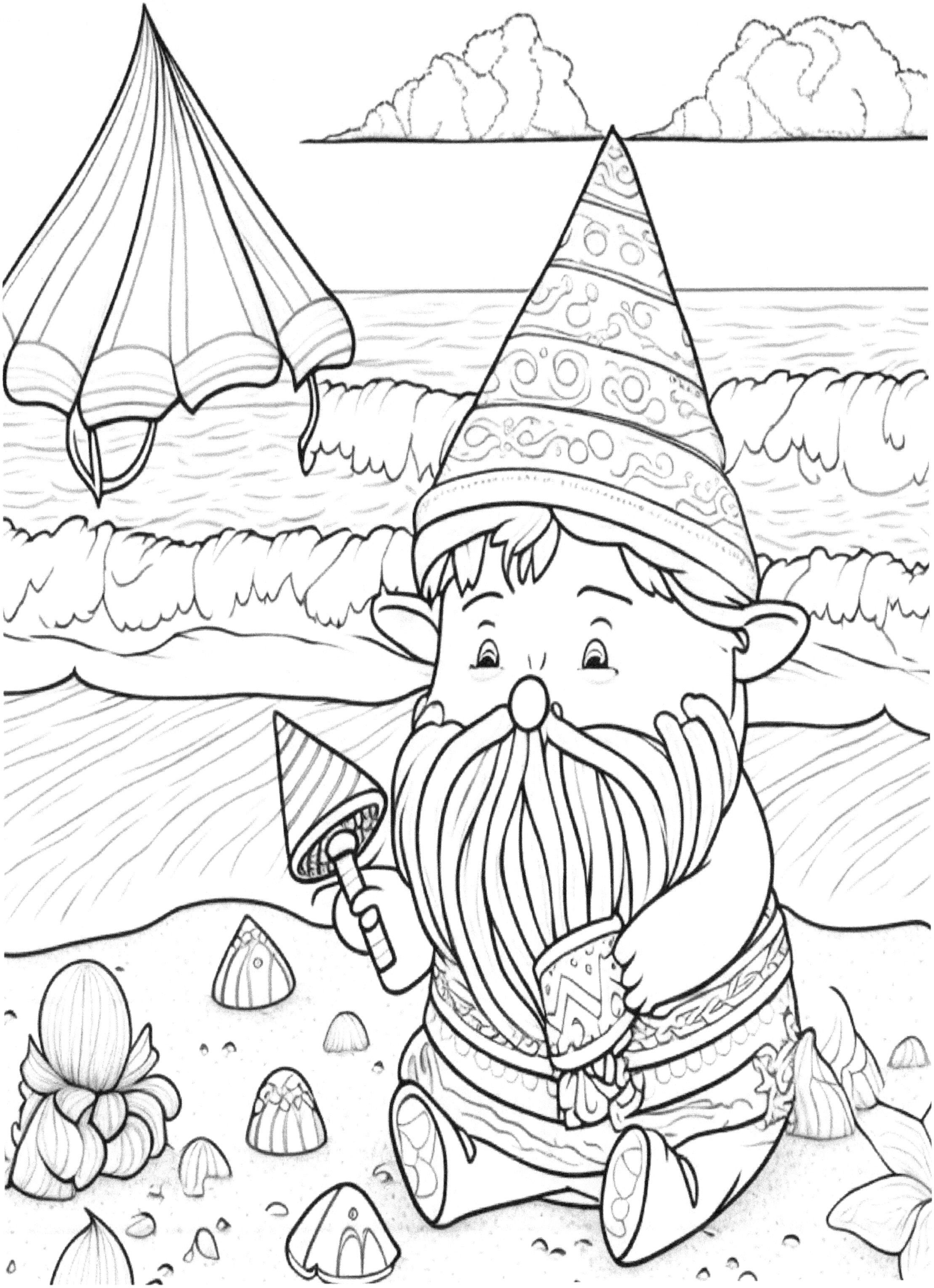

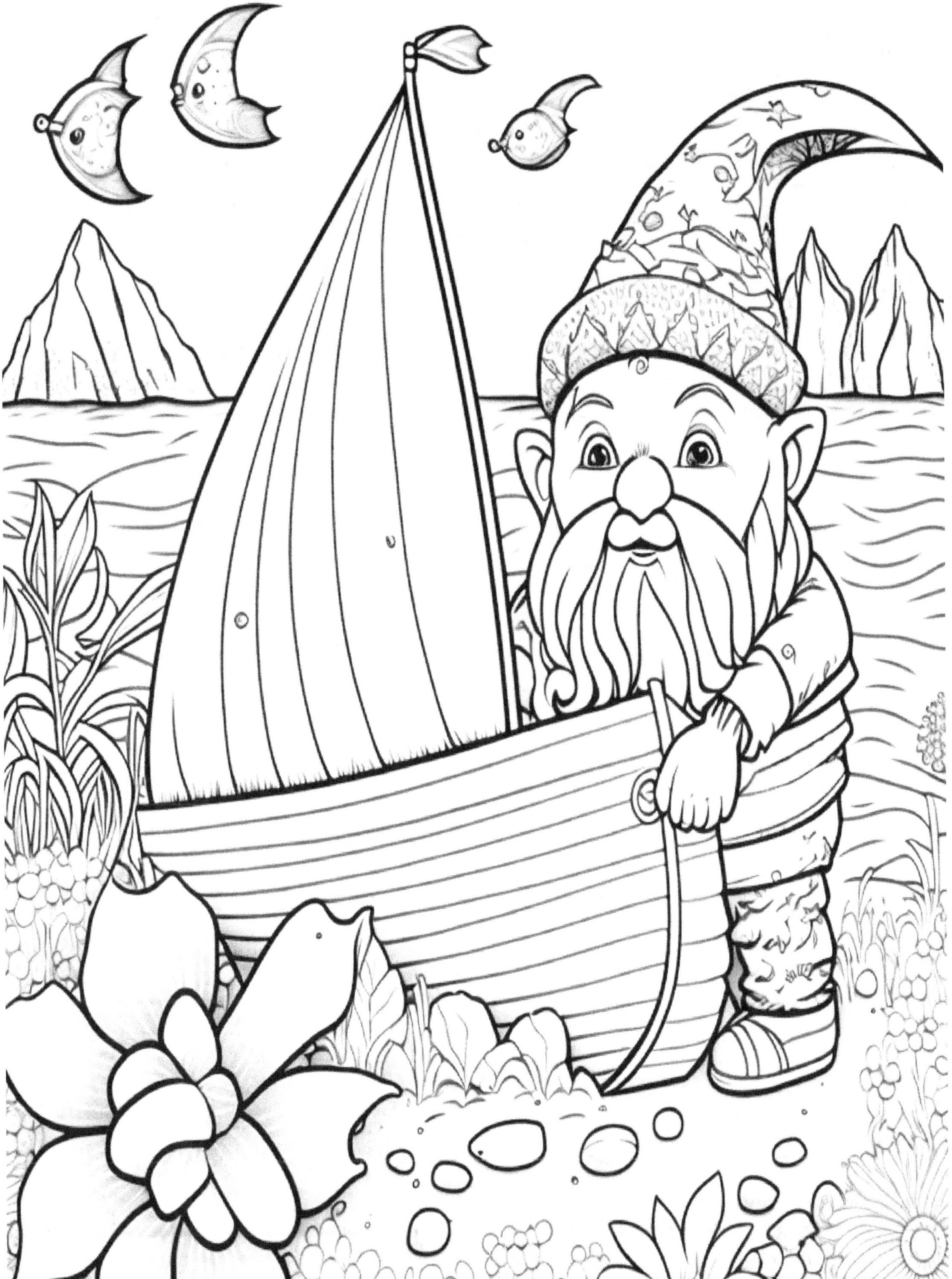

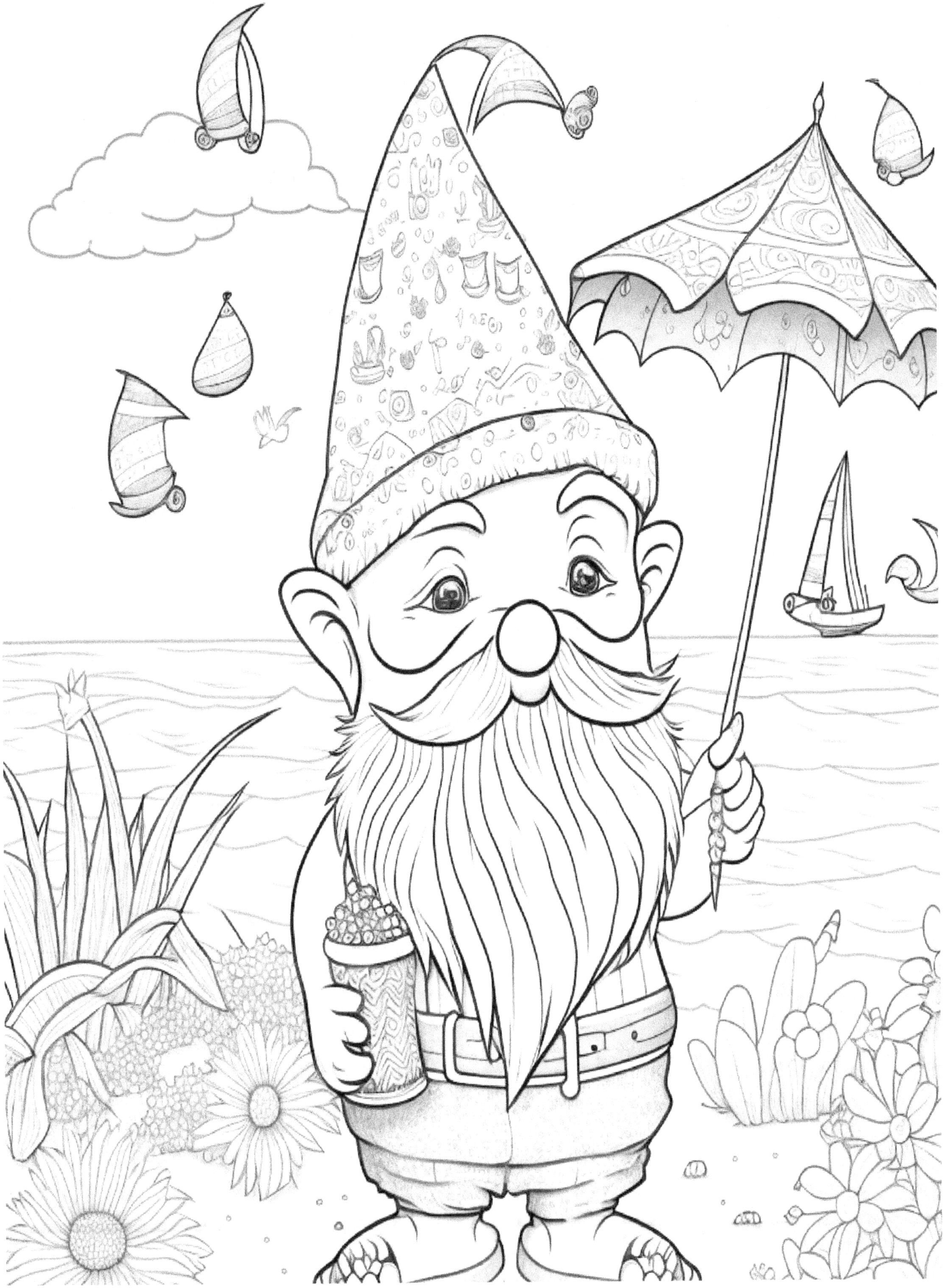

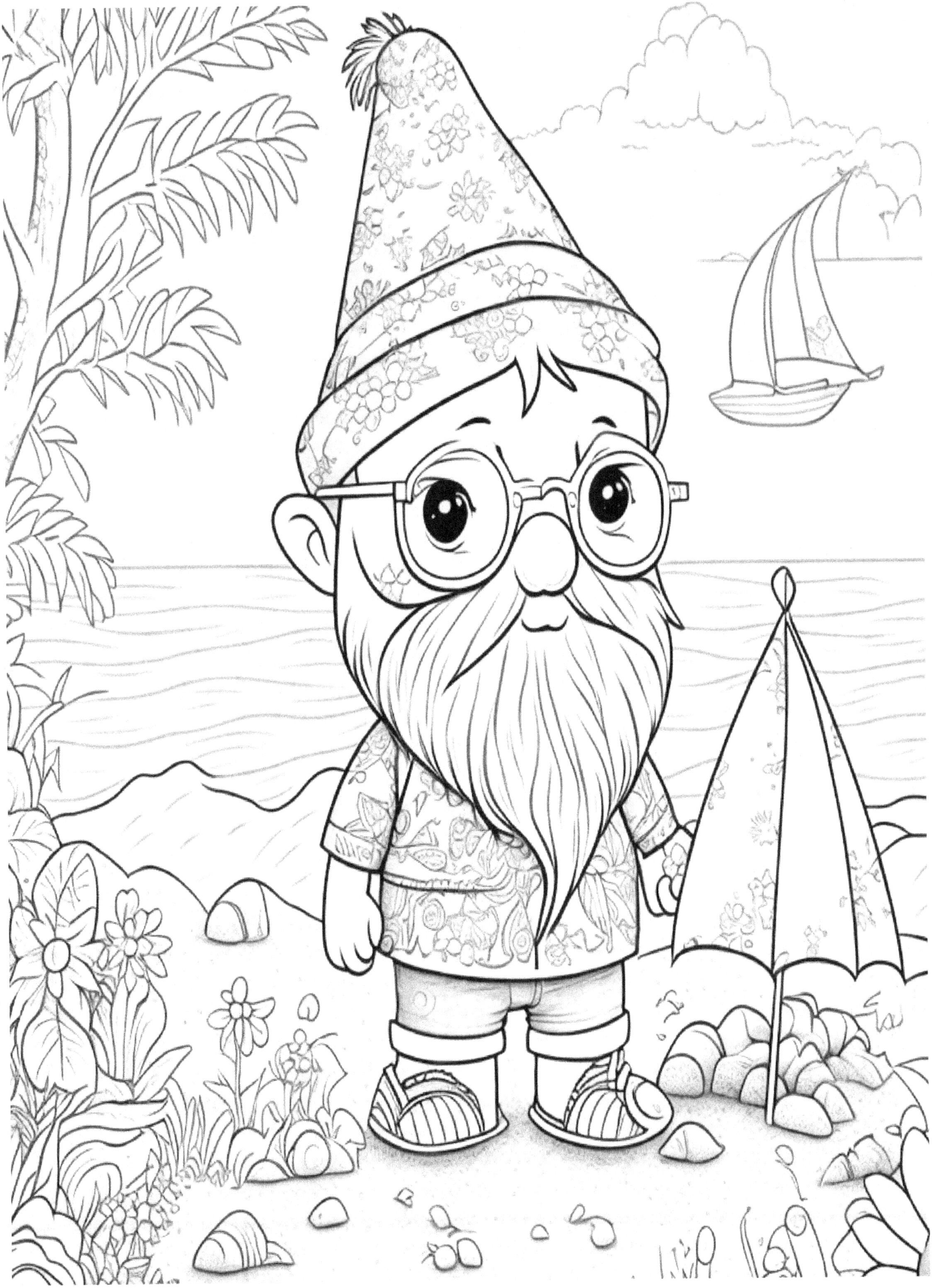

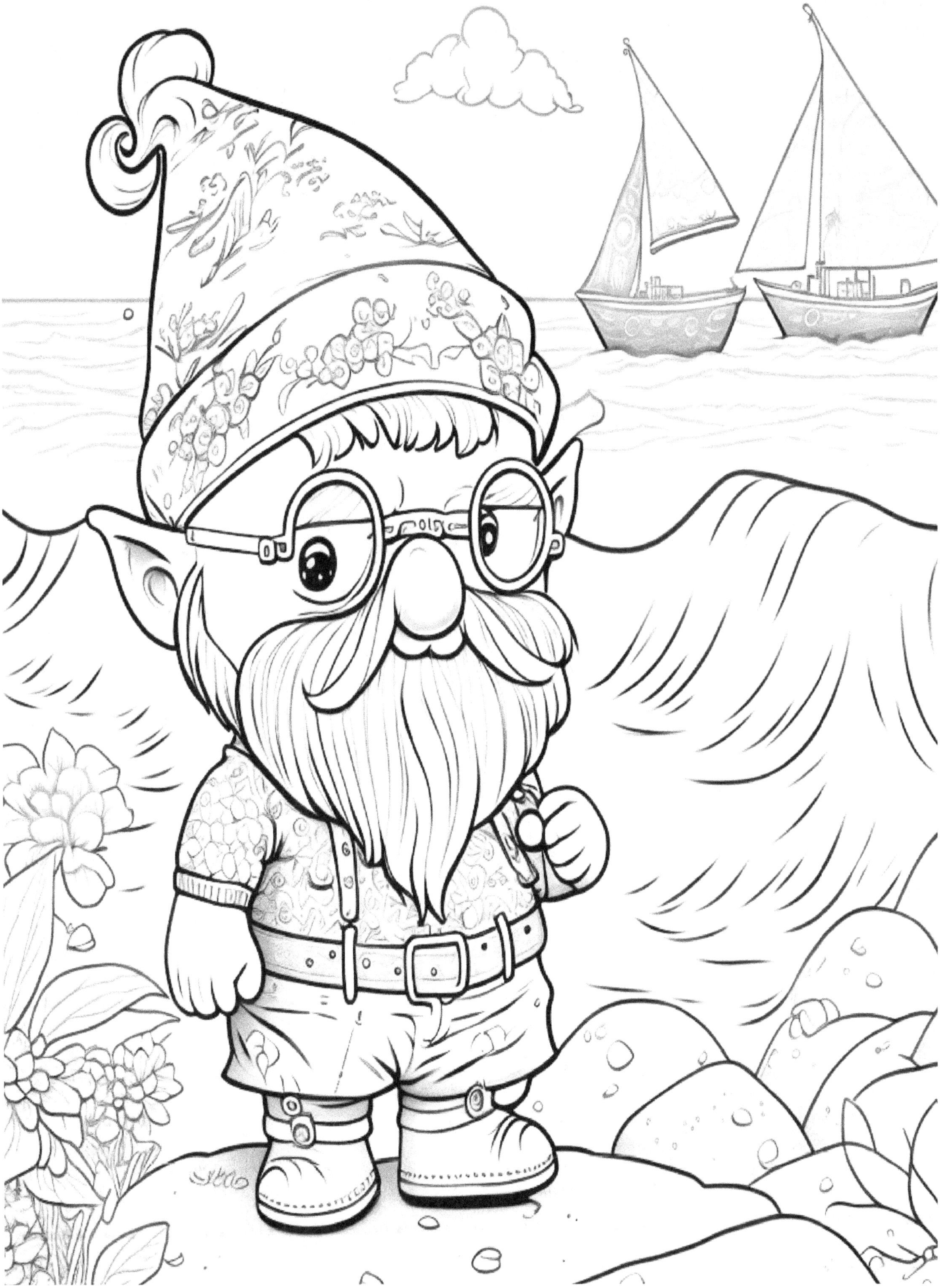

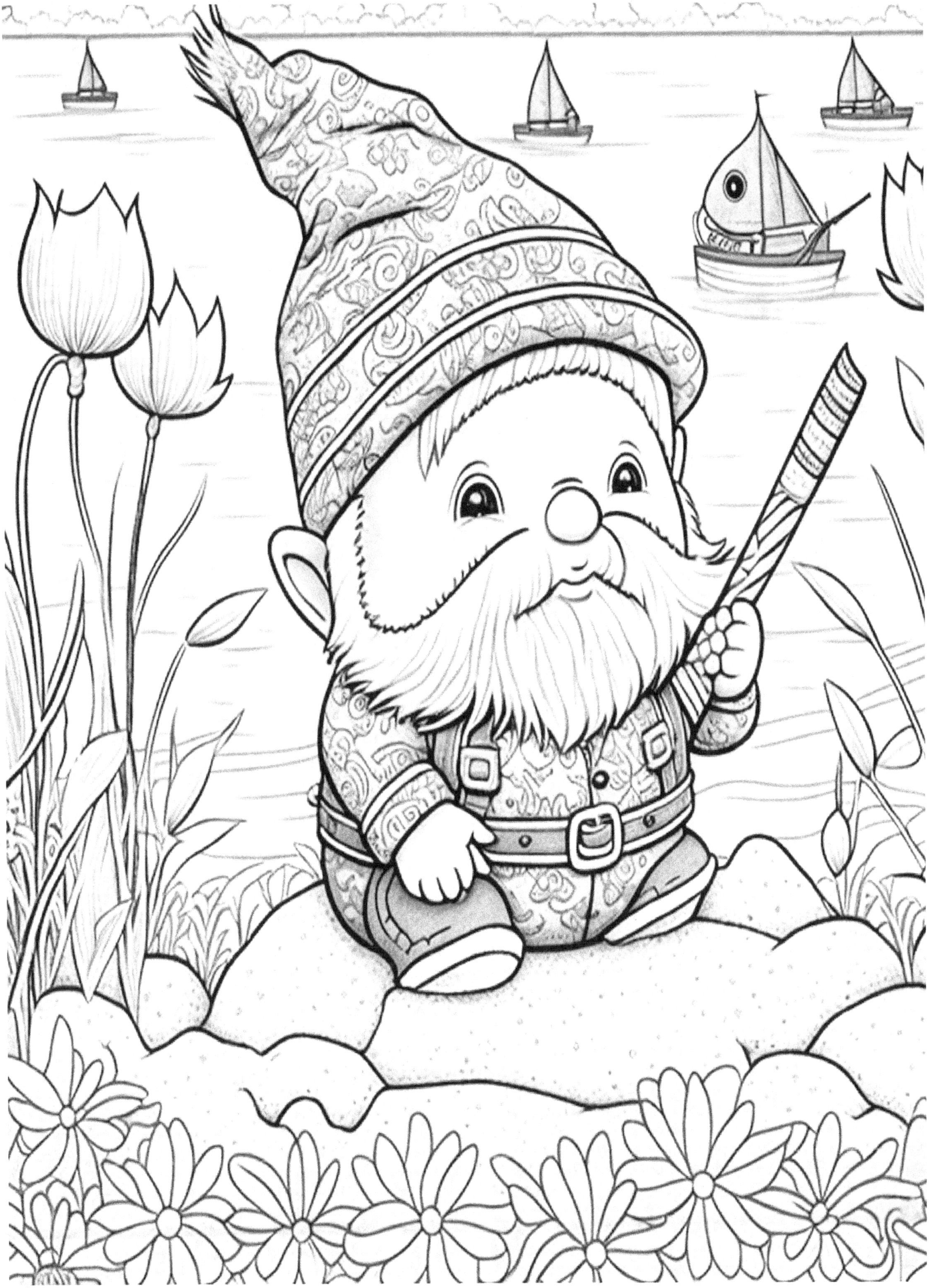

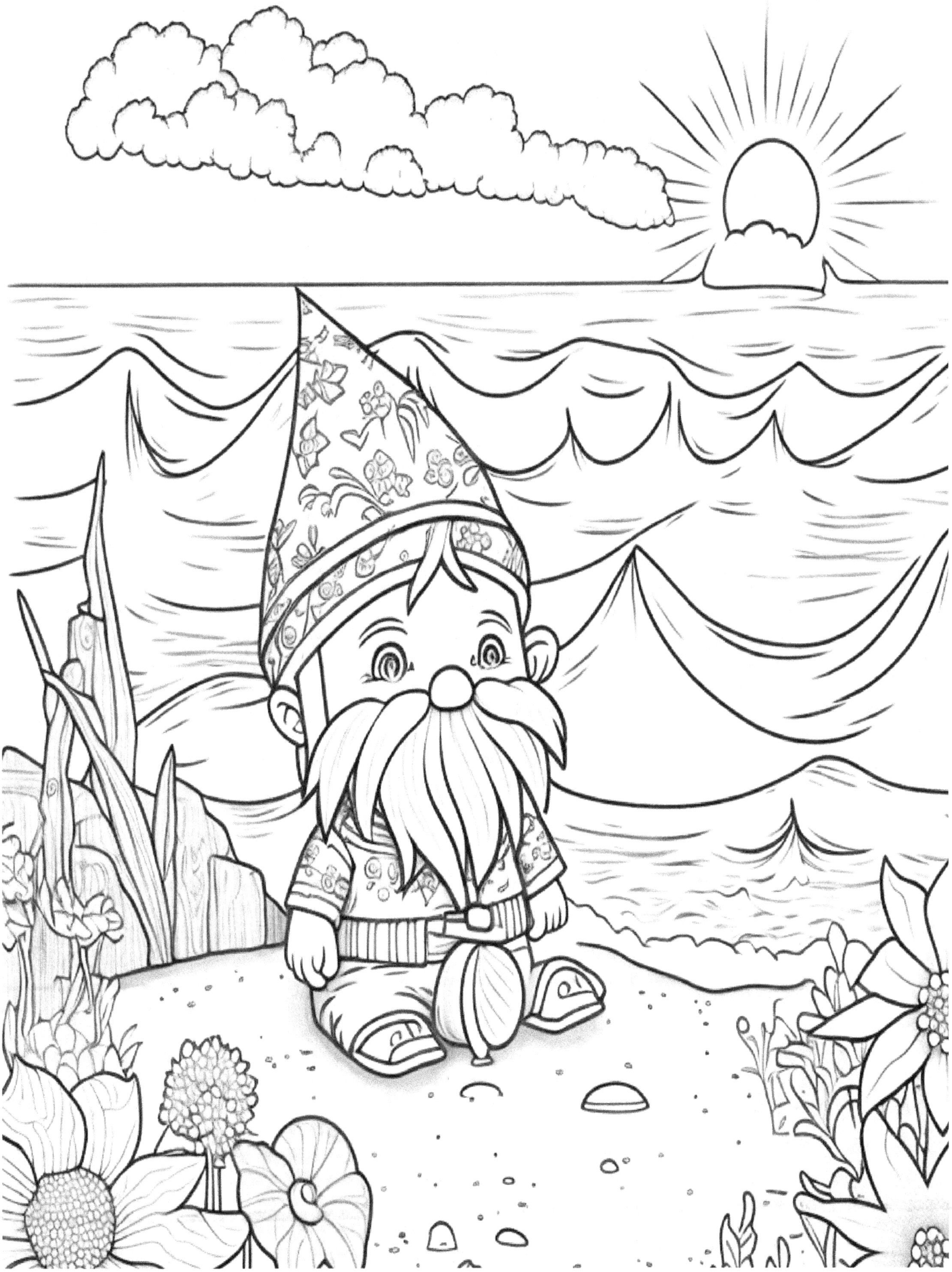

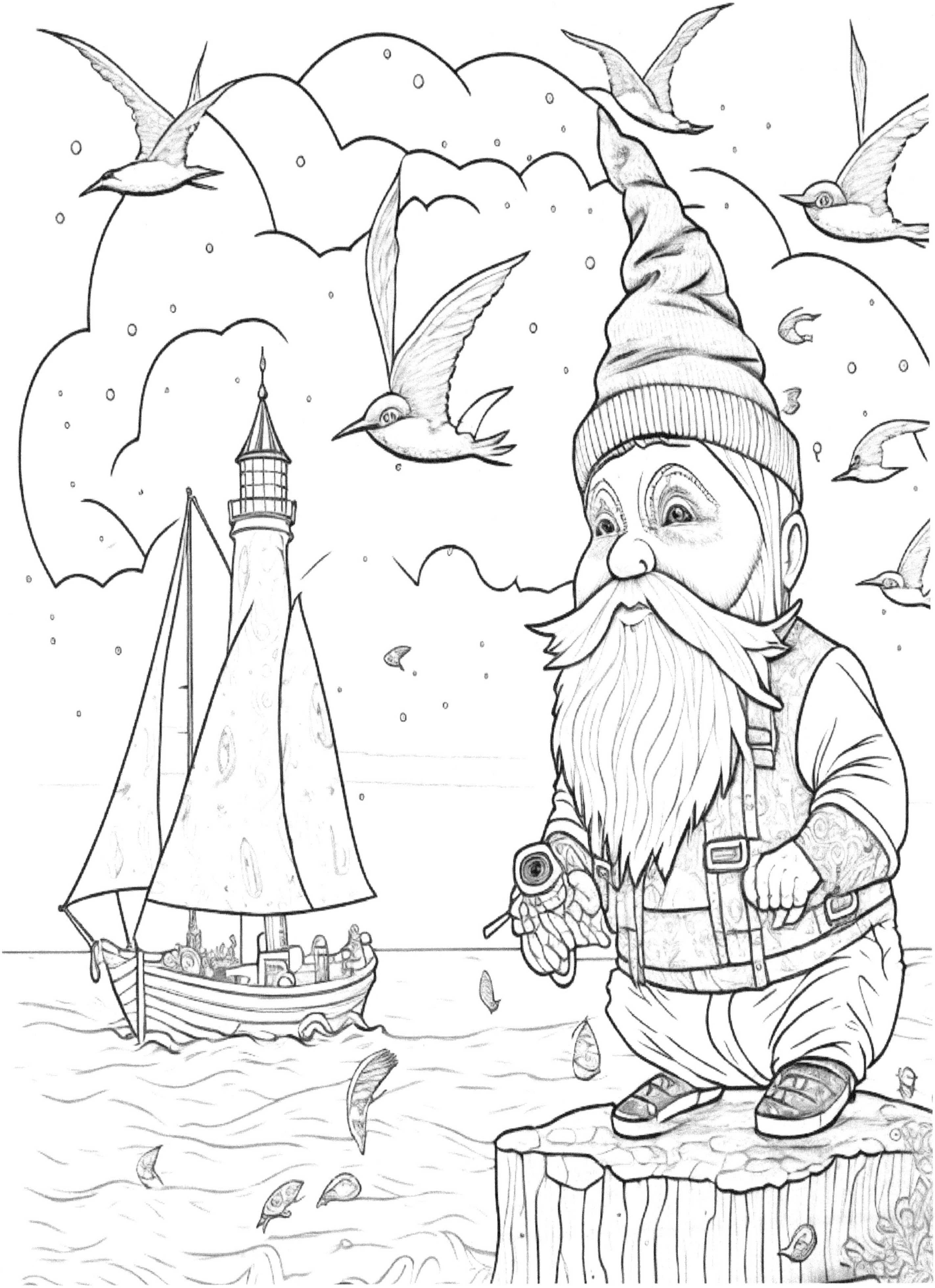

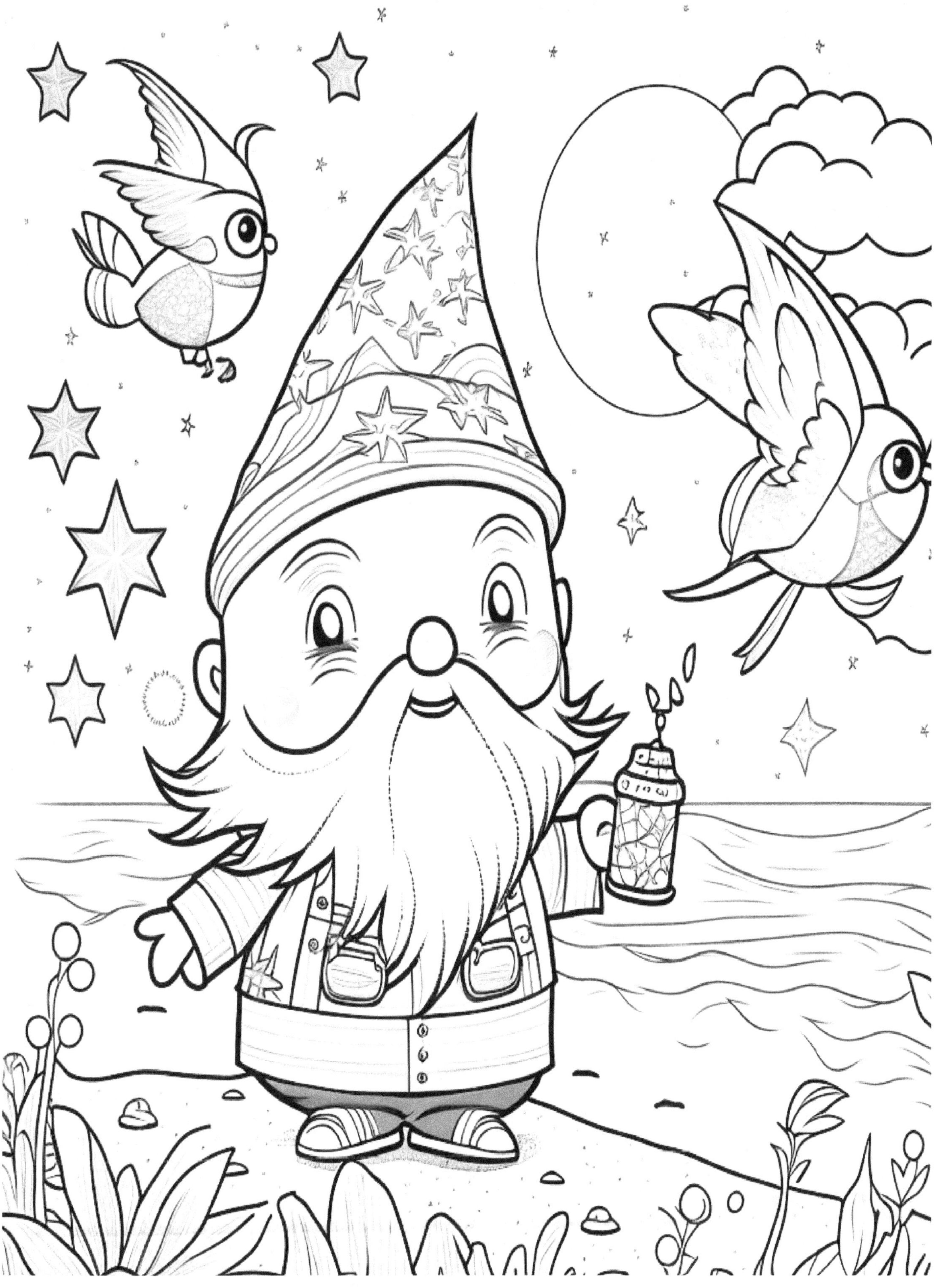

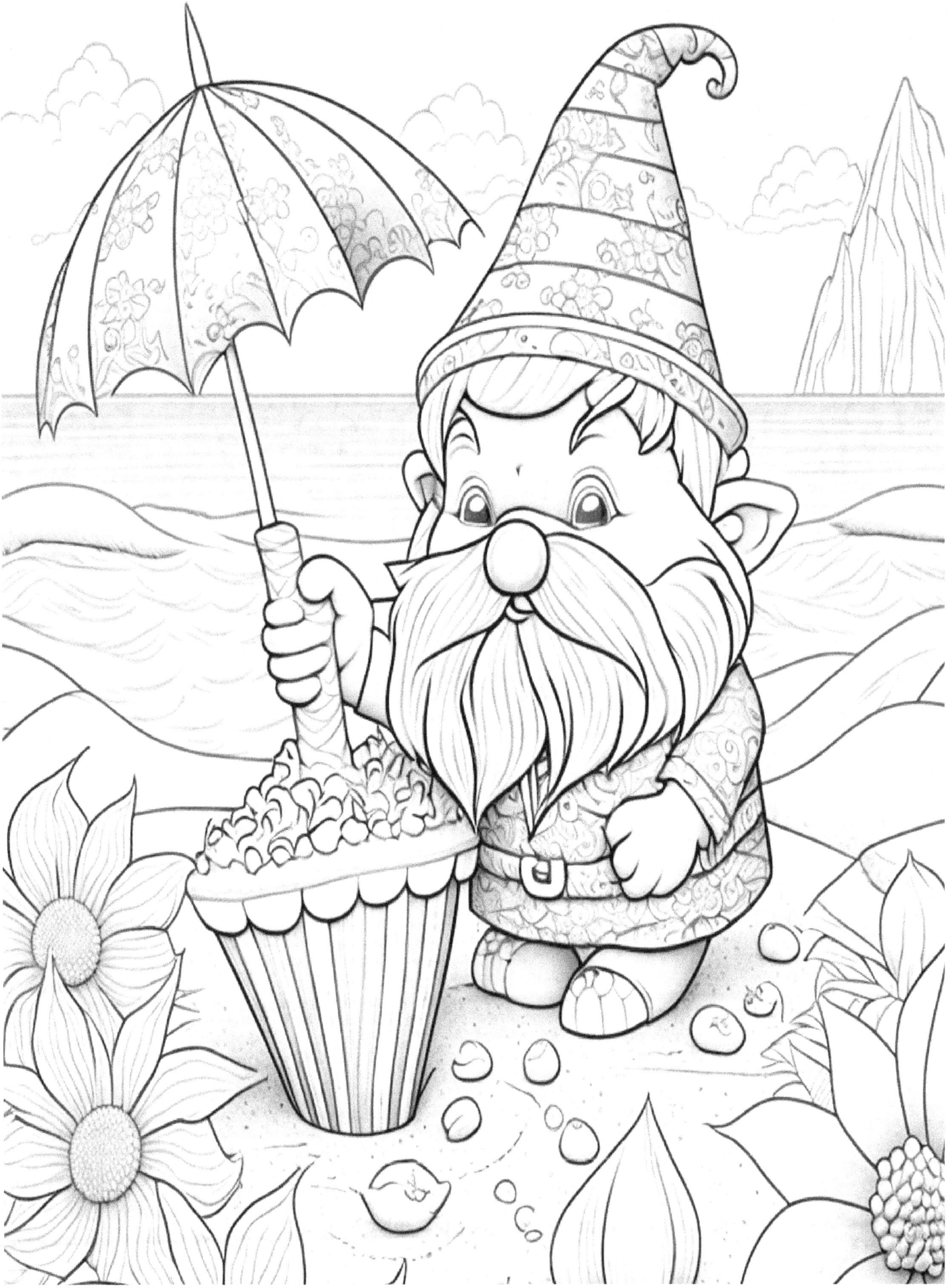

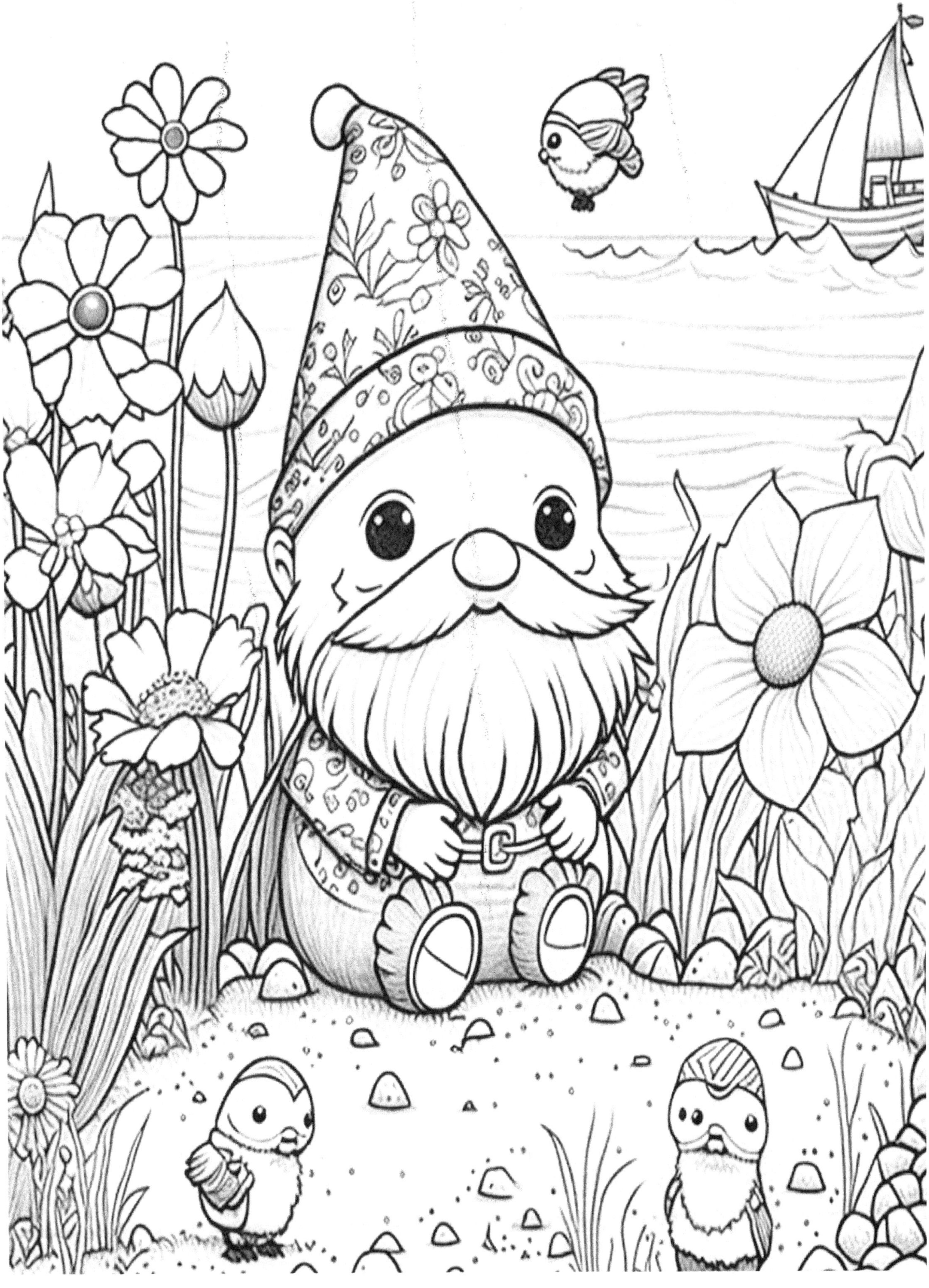

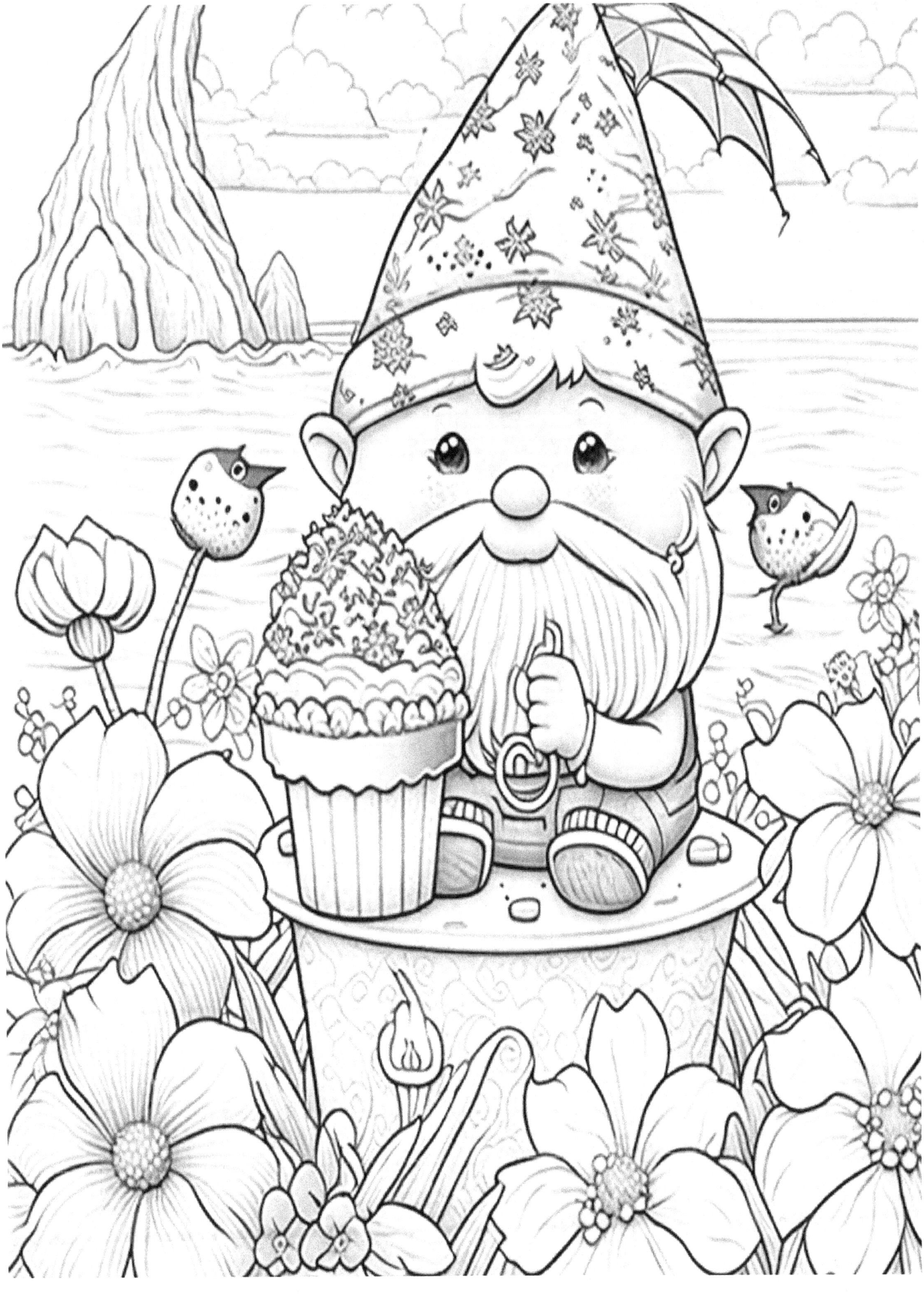

www.ingramcontent.com/pod-product-compliance
Lightning Source LLC
Chambersburg PA
CBHW080551240526
45466CB00030B/2852
* 9 7 9 8 3 9 3 4 4 0 0 0 8 *